FEMME MARIÉE

SOUS LE RÉGIME DOTAL

Obligations nées pendant le mariage. — Exécution

PAR

P. DELOYNES

PROFESSEUR DE CODE CIVIL A LA FACULTÉ DE DROIT DE BORDEAUX.

Extrait de la REVUE CRITIQUE DE LÉGISLATION ET DE JURISPRUDENCE.

PARIS

A. COTILLON & Cie, IMPRIMEURS-ÉDITEURS,

Libraires du Conseil d'État et de la Société de législation comparée,

24, RUE SOUFFLOT, 24.

1882

FEMME MARIÉE

SOUS LE RÉGIME DOTAL

Obligations nées pendant le mariage. — Exécution

PAR

P. DELOYNES

PROFESSEUR DE CODE CIVIL A LA FACULTÉ DE DROIT DE BORDEAUX.

Extrait de la REVUE CRITIQUE DE LÉGISLATION ET DE JURISPRUDENCE.

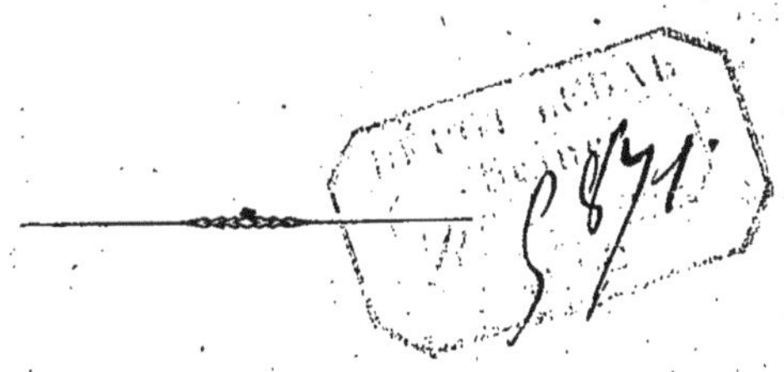

PARIS

A. COTILLON & Cie, IMPRIMEURS-ÉDITEURS,

Libraires du Conseil d'État et de la Société de législation comparée,

24, RUE SOUFFLOT, 24.

1882

FEMME MARIÉE

SOUS LE RÉGIME DOTAL

OBLIGATIONS NÉES PENDANT LE MARIAGE. — EXÉCUTION.

1. En édictant l'incapacité de la femme mariée, le but principal du législateur a été de sauvegarder les intérêts de la famille contre les conséquences des actes que la femme accomplirait, des contrats qu'elle consentirait. Il a voulu que ces intérêts ne puissent pas être compromis sans l'assentiment du mari investi à la fois de la puissance maritale, de la puissance paternelle et de la qualité de chef de l'association conjugale. Il n'a pas cependant laissé la femme sans défense contre les abus que le mari ferait de son autorité et il a décidé que si celui-ci refusait de l'habiliter, la femme pourrait être valablement autorisée par justice.

Nous n'avons pas l'intention de déterminer ici l'étendue de l'incapacité de la femme mariée; notre seul désir est d'étudier les obligations dont elle peut être tenue et spécialement de rechercher sur quels biens l'exécution peut en être poursuivie quand elle est soumise au régime dotal. Dans ce but, il nous paraît indispensable de rappeler les règles générales de la loi en notre matière ; nous le ferons d'ailleurs très sommairement.

2. On sait que l'article 217, C. c., qui consacre le principe de l'incapacité de la femme mariée en matière extrajudiciaire, ne parle pas des obligations qui naîtraient à sa charge pendant la durée du mariage. On ne saurait imputer le silence de la loi sur ce point à un oubli du législateur; car le Tribunat avait proposé d'ajouter à l'article 217 les mots : *s'obliger*, et le Conseil d'Etat n'a pas tenu compte de cette observation.

Il ne faudrait pas en conclure que la femme mariée peut s'obliger sans autorisation ; une pareille solution serait manifestement contraire à la volonté du législateur, au but qu'il s'est proposé d'atteindre et aux textes de nos lois. Mais la question de validité ou de nullité des obligations nées pendant le mariage à la charge d'une femme mariée ne peut être résolue d'un mot; elle comporte des distinctions; cela suffit pour expliquer le parti auquel se sont arrêtés les rédacteurs de notre Code.

Il nous semble cependant facile, si nous nous inspirons des motifs de la loi, de poser un principe qui nous permettra de répondre à toutes les questions soulevées par la pratique. Nous l'avons déjà dit, la sujétion à laquelle la femme mariée est soumise, l'obéissance qu'elle doit à son mari, ont paru au législateur des considérations suffisantes pour ne pas lui laisser la liberté d'engager seule ses biens et de compromettre sans autorisation les intérêts des siens.

A ce point de vue, nous pensons que la règle suivante, qui est à nos yeux le résumé des dispositions de notre Code, donne satisfaction à tous les intérêts légitimes dont le législateur devait assurer le respect.

La femme mariée est incapable de s'obliger sans autorisation par un fait volontaire et licite; mais si l'obligation prend naissance sans aucun fait de sa part ou si elle résulte d'un fait illicite dont elle se serait rendue coupable, l'obligation sera valable indépendamment de toute autorisation.

3. L'exposé des conséquences de notre principe sera, suivant nous, la meilleure justification de la formule que nous avons adoptée en nous inspirant de l'exemple de Pothier [1].

Il en résulte tout d'abord que la femme mariée ne peut pas sans autorisation s'obliger par contrat. C'est au surplus ce que supposent les articles 220, 221, 222 et 224, C. c.

Il en résulte, en sens contraire, qu'elle sera tenue, même sans autorisation, des obligations qui dérivent de la loi [2]. Car elles ont leur origine non dans un fait de sa part ou dans un acte de sa volonté, mais dans le texte d'une disposition législative que légitiment des considérations de justice, d'équité ou d'utilité sociale.

[1] *Traité de la puissance du mari*, n° 50.

[2] Voy. en ce sens : Demolombe, *Cours de Code Napoléon*, t. IV, n° 176; — Aubry et Rau, *Cours de droit civil*, t. V, p. 142, § 472 texte, et note 21. — Comp. sur les obligations résultant d'une tutelle : — Duranton, *Cours de droit français*, t. III, n° 500; Laurent, *Principes de droit civil*, t. I, n° 100.

Il résulte encore de notre principe que la femme mariée ne peut pas s'obliger sans autorisation par quasi-contrat, mais qu'elle sera valablement tenue, indépendamment de toute autorisation, des obligations nées par l'effet d'un quasi-contrat, s'il n'est intervenu aucun acte de sa volonté.

Ainsi, la femme mariée qui, sans autorisation, gère les affaires d'autrui n'est pas obligée, en vertu du quasi-contrat de gestion d'affaires et ne pourrait être recherchée que par une action *de in rem verso*, si elle s'est enrichie (arg. art. 1312, C. c.), ou par une action *ex delicto* ou *quasi ex delicto*, si elle s'est rendue coupable d'un délit ou d'un quasi-délit (arg. art. 1310, C. c.) [1].

Au contraire, la femme, dont les affaires ont été utilement gérées par un tiers, est valablement obligée sans autorisation et répond sur ses biens de l'exécution d'une obligation consacrée par la loi et fondée sur des considérations d'équité [2].

J'appliquerai le même principe au cas où la femme mariée reçoit sans autorisation un paiement indû. Sans doute, dans cette hypothèse, l'obligation doit sa naissance au fait du tiers qui paie, mais là n'est pas sa cause unique ; elle a également sa source dans le fait volontaire de la femme qui reçoit. Par conséquent, si celle-ci n'a pas été autorisée, elle ne sera pas valablement obligée, et si elle invoque la nullité de son engagement, elle ne pourra être recherchée, comme dans le cas où

[1] Voy. en ce sens : Pothier, *Traité de la puissance du mari*, n° 50 ; Delvincourt, *Cours de droit civil*, t. I, p. 162 et 163 ; Duvergier, *sur Toullier*, t. XI, p. 33 ; Demolombe, t. IV, n° 181 et t. XXXI, n° 94 ; Aubry et Rau, t. IV, p. 722, § 441, note 1 et t. V, p. 143, § 472, note 22 ; Colmet de Santerre, *Cours analytique*, t. V, p. 661, n° 347 *bis*, III ; Laurent, t. IV, n° 101 et t. XX, n° 312. — Voy. cependant en sens contraire : Toullier, *Droit civil*, t. XI, nos 39 et 40 ; Duranton, t. II, n° 497, et t. XIII, nos 662 et 663 ; Larombière, *Traité des obligations*, t. V, art. 1374, n° 9.

[2] Voy. en ce sens : Pothier, *Obligations*, nos 173 et 224 ; Merlin, Répert. v° *Quasi-contrat*, n° 5 ; Favard, Répert. v° *Quasi-contrat*, n° 8 ; Toullier, t. XI, n° 39 ; Larombière, t. V, art. 1375, n° 23 ; Demolombe, t. IV, n° 177 et t. XXXI, n° 100 ; Aubry et Rau, t. IV, p. 723, § 441, note 10 et t. V, p. 142, § 472, note 22 ; Colmet de Santerre, t. V, p. 661, n° 347 *bis*, II ; Laurent, t. IV, n° 100 et t. XX, n° 308. — Voy. cependant en sens contraire : Delvincourt, t. I, p. 163 ; Duranton, t. II, n° 497.

elle a géré sans autorisation les affaires d'autrui, que par une action *de in rem verso, ex delicto* ou *quasi ex delicto* [1].

La femme mariée est au contraire tenue dans tous les cas, en vertu de la règle que nous avons admise, des obligations qui naissent de ses délits ou de ses quasi-délits; elle ne peut se défendre contre l'action en réparation du préjudice causé en prétextant qu'elle n'a pas été autorisée. Le principe de l'incapacité de la femme mariée cède dans ce cas devant des considérations d'un ordre plus élevé. L'auteur d'un délit ou d'un quasi-délit a commis un acte illicite, il a violé le droit d'autrui. Or, le respect du droit de chacun, c'est l'ordre dans la société. Tout délit ou quasi-délit met donc en jeu un intérêt d'ordre public qui doit l'emporter sur des intérêts purement privés, notamment sur les intérêts de la famille que le législateur a voulu sauvegarder en édictant l'incapacité de la femme mariée. Par conséquent, l'action en réparation du préjudice causé par un acte illicite de celle-ci sera recevable, et on ne pourra pas l'écarter en opposant l'absence d'autorisation. C'est du reste ce que décide l'article 1310, en ce qui concerne un autre incapable, le mineur; et cependant l'incapacité de ce dernier a pour fondement la faiblesse de l'âge, le défaut de maturité de son jugement et de développement de son intelligence. A plus forte raison, la même règle doit-elle être appliquée à la femme mariée dont l'incapacité repose moins sur une faiblesse personnelle et subjective que sur la volonté du législateur de protéger les intérêts de la famille. Ajoutons que la solution contraire serait la consécration de l'irresponsabilité de la femme mariée, à raison de ses actes illicites; l'on comprendra sans plus amples développements que le législateur ne pouvait pas admettre une doctrine aussi contraire à la morale [2].

4. La règle que la femme mariée ne peut pas, sans autorisation, s'obliger par un fait volontaire et licite, s'applique d'une manière absolue aux obligations à titre gratuit. Au contraire,

[1] Voy. en ce sens : Demolombe, t. IV, n° 182; Aubry et Rau, t. IV, p. 730, § 442 texte, et note 8; Laurent, t. IV, n° 101, et t. XX, n° 355.

[2] Voy. en ce sens : Demolombe, t. IV, n° 178; Aubry et Rau, t. V, p. 143, § 472 texte, et note 24; Laurent, t. III, n° 100, et tous les auteurs.

en ce qui concerne les obligations à titre onéreux, elle comporte une exception qu'il nous paraît nécessaire d'indiquer. Il est en effet des cas dans lesquels la femme conserve, en vertu des conventions matrimoniales, l'administration de son patrimoine. C'est ce qui se présentera notamment quand elle se sera soumise au régime de la séparation de biens, ou quand, mariée sous le régime dotal, elle possédera des paraphernaux. Il en sera de même dans le cas où elle aura été séparée de biens d'avec son mari, par une décision judiciaire. Dans ces hypothèses, elle conserve l'entière administration de ses biens (art. 1536, C. c.), l'administration de ses paraphernaux (art. 1576, C. c.), ou elle reprend la libre administration de son patrimoine (art. 1449, C. c.). Elle est alors investie du droit d'accomplir seule et sans autorisation tous les actes d'administration ; elle doit par cela même être capable de s'obliger seule et sans autorisation par les actes qu'elle peut valablement consentir. Ainsi, la femme séparée qui loue ou afferme un de ses biens est tenue de toutes les obligations qui incombent au bailleur, quoiqu'elle ait agi sans autorisation. Si elle jouit par elle-même de ses propriétés, elle peut s'obliger sans autorisation envers des domestiques, des ouvriers employés à leur entretien, ou envers les marchands vendant ce qui est nécessaire à la culture de ses biens. Elle peut sans autorisation prendre à bail tout ou partie d'un immeuble, soit pour y déposer le mobilier qui lui appartient, soit pour y établir sa résidence si elle a été délaissée par son mari ou si elle est séparée de corps, elle peut aussi traiter valablement pour son entretien ou pour la fourniture des subsistances qui lui sont nécessaires. Là s'arrête, à notre avis, et conformément d'ailleurs à l'opinion générale [1], l'exception que comporte notre principe.

Les obligations ainsi valablement contractées sans autorisation par la femme mariée produisent les effets ordinaires de toute obligation : les créanciers ont le droit en vertu de l'article

[1] Duranton, t. II, n° 492 ; Valette sur Proudhon, t. I, p. 463 ; Massol, *De la séparation de corps*, ch. IV, n° 20 ; Demolombe, t. IV, n° 163 ; Aubry et Rau, t. V, p. 408, § 514 texte, et note 77 ; Colmet de Santerre, t. VI, p. 257 et 261, n°s 101 *bis*, VII et XII ; Laurent, t. XXII, n°s 309 à 311.

2092, C. c., de poursuivre leur paiement sur tous les biens de la femme, même sur ses immeubles, sous la réserve toutefois des règles spéciales au régime dotal que nous allons exposer. Autrement, il serait incorrect de dire que la femme est alors pleinement capable et peut agir sans autorisation [1].

5. Tel est le droit commun. Mais la stipulation du régime dotal n'y apporte-t-elle pas quelques dérogations? En quoi consistent ces modifications? La femme mariée sous le régime dotal peut-elle s'obliger par un fait volontaire et licite, si elle a été autorisée? Peut-elle, même sans autorisation, être obligée par le fait d'un tiers ou par l'effet d'un acte illicite dont elle serait l'auteur? Dans l'un et dans l'autre cas, sur quels biens ses créanciers peuvent-ils poursuivre leur paiement? Telles sont les questions souvent difficiles dont nous allons aborder l'examen.

6. La femme mariée sous le régime dotal peut-elle avec l'autorisation de son mari ou de justice, s'obliger valablement par un fait volontaire et licite?

L'affirmative ne peut pas faire doute [2]; car il n'y a pas d'incapacité sans texte; et aucun texte ne déclare la femme dotale incapable de s'obliger, quand elle a obtenu l'autorisation de son mari ou de justice. La Cour de cassation a même décidé avec raison, suivant nous, qu'une pareille incapacité ne pourrait pas être créée

[1] Voy. en ce sens : Duranton, t. II, n° 492; Valette sur Proudhon, t. I, p. 463; Bellot des Minières, *Cont. de mar.*, t. II, p. 153 et t. III, p. 374; Rodière et Pont, *Cont. de mar.*, t. III, n° 2193; Demolombe, t. IV, n° 161; Brives-Cazes, *Revue de législat.* (1852), t. I, p. 113; Aubry et Rau (4e édition), t. V, p. 409, § 516, note 78, (ces éminents auteurs avaient cependant admis l'opinion contraire dans leurs précédentes éditions); Colmet de Santerre, t. VI, p. 261, n° 101 *bis*, XII; Laurent, t. XXII, n° 314. — Voy. cependant en sens contraire : Marcadé, t. V, sur l'art. 1449, n° 3; Odier, *Cont. de mar.*, t. I, n° 413; Massol, *De la séparation de corps*, p. 232, n° 21.

[2] Voy. en ce sens, même pour le cas où la femme se serait constitué en dot tous ses biens présents et à venir : Odier, *Cont. de mar.*, t. III, n° 1076; Troplong, *Cont. de mar.*, t. IV, n° 3314; Marcadé, t. VI, sur l'art. 1554, n° 8; Massé et Vergé sur Zachariæ, t. IV, § 670, p. 289, note 32; Rodière et Pont, t. III, n° 1659; Colmet de Santerre, t. VI, p. 476, n° 226 *bis*, VII; Laurent, t. XXX, n° 550; Paris, 23 novembre 1865, Sir., 66, II, 6; Bordeaux 12 mai 1868, Sir., 69, II, 33; Req. rej., 7 février 1881, Sir., 82, I, 22.

par convention [1]; car toutes les règles relatives à la capacité sont d'ordre public et il est défendu de déroger aux lois qui intéressent l'ordre public (art. 6 et 1388, C. c).

7. L'obligation étant valable, il y a lieu de se demander sur quels biens le créancier aura le droit de poursuivre le paiement de ce qui lui est dû.

Qu'il puisse agir sur les biens paraphernaux de la femme, c'est incontestable; car la femme mariée sous le régime dotal conserve la faculté d'affecter ses paraphernaux au paiement des obligations qu'elle contracte valablement, et nous venons de dire que les obligations nées à sa charge par un fait volontaire et licite sont valables, quand elle a été régulièrement autorisée. Par conséquent, du moment où elle est obligée, ses paraphernaux sont le gage de ses créanciers, en vertu de l'article 2092.

A l'inverse il est certain que le créancier ne pourrait pas saisir les immeubles dotaux, et même d'une manière générale les biens dotaux, d'après une jurisprudence dont nous ne voulons pas apprécier le mérite, mais sur laquelle nous aurons l'occasion de revenir plus tard. (Voy. *infra*, nº 17).

8. Mais pourquoi les immeubles dotaux ne peuvent-ils pas être saisis par les créanciers envers lesquels la femme dotale s'est obligée pendant la durée du mariage?

La solution est incontestée; sa justification n'est pas cependant sans présenter quelque difficulté. Il est tout d'abord notable que l'article 1554, à l'exemple de l'article 217, garde le silence sur les effets des obligations contractées par la femme. Ce n'est donc pas dans cet article que nous trouverons la justification que nous cherchons: c'est à notre avis dans l'article 1558 que nous en rencontrerons les éléments. Cet article permet d'aliéner les immeubles dotaux avec l'autorisation de justice [2] dans un certain

[1] Civ. Cass. 22 décembre 1879, Sir., 80, I, 125. — Valette, *Mélanges de droit, de jurisp. et de législat.*, t. I, p. 523 et suiv.; Daniel de Folleville, *De l'incapacité de s'obliger stipulée dans un contrat de mariage;* Ch. Lyon-Caen, note dans Sirey, 1878, II, 161; Vavasseur, *Rev. crit.*, 1878, p. 289; Challamel, *Rev. crit.*, 1880, p. 1 et suiv.

[2] On remarquera certainement que la loi exige l'autorisation de justice, mais il est certain que celle-ci n'est pas destinée dans ce cas à suppléer l'autorisation maritale, car cette dernière serait inopérante.

nombre de cas, notamment pour acquitter des dettes de la femme, spécialement pour payer toutes les dettes sans distinction antérieures au contrat de mariage, et dans des hypothèses très rares pour payer des dettes nées pendant le mariage. Il est certain que cet article est exceptionnel : s'il permet d'aliéner l'immeuble dotal pour payer certaines dettes, c'est parce qu'il pourrait être saisi par les créanciers qu'il s'agit de désintéresser et parce qu'il est leur gage. Or il est de principe que l'exception est de même nature que la règle à laquelle elle déroge : si les immeubles dotaux sont exceptionnellement le gage de certains créanciers, c'est évidemment qu'ils ne sont pas le gage de tous les créanciers de la femme; s'ils ne peuvent être saisis que par les créanciers antérieurs au mariage et par quelques-uns de ceux dont le droit est né pendant le mariage, c'est qu'ils ne sont pas, en principe, devenus le gage de ceux envers lesquels la femme s'est obligée pendant la durée de l'union conjugale.

Après avoir ainsi expliqué le fondement de la doctrine unanimement admise par les auteurs et la jurisprudence, nous devons rechercher pourquoi les immeubles dotaux ne sont pas devenus le gage de ces créanciers.

On répond généralement que la femme ne pouvant les aliéner directement, même avec l'autorisation de son mari (art. 1554, C. c.), ne doit pas davantage pouvoir le faire indirectement en les affectant aux créanciers vis-à-vis desquels elle s'oblige pendant la durée du mariage. L'inaliénabilité de l'immeuble dotal entraîne une exception à l'article 2092 et à la règle *qui s'oblige oblige le sien :* elle limite dans ses effets la faculté qu'a la femme de contracter des obligations. S'il en était autrement, la règle de l'inaliénabilité serait illusoire parce qu'elle pourrait être facilement éludée [1].

Cette explication ne nous paraît pas satisfaisante, et nous ne croyons pas qu'il soit juridique de conclure de l'impossibilité pour la femme d'aliéner ses immeubles dotaux à l'impossibilité pour les créanciers dont nous parlons de les saisir. Car ni en fait ni en droit on ne peut assimiler une obligation à un acte d'aliénation. En fait d'abord, si l'obligation est susceptible de devenir la cause d'une saisie, il est certain que le débiteur aura toujours, par le

[1] Voy. notamment Tessier, *De la dot*, t. I, p. 320, n° 62.

paiement de ce qu'il doit, le moyen d'échapper à l'expropriation forcée. En droit le législateur ne s'est jamais placé à ce point de vue, car il n'est pas nécessaire d'être capable d'aliéner pour conférer à ses créanciers le droit de gage général de l'article 2092, il suffit d'être capable de s'obliger. Des personnes incapables d'aliéner leurs biens ou certains biens sans obtenir une autorisation ou sans accomplir certaines formalités, sont néanmoins capables de les affecter en vertu de l'article 2092, à l'acquittement des obligations qu'elles contractent valablement. Il nous suffira de quelques exemples pour établir notre affirmation. Le tuteur ne peut pas aliéner les immeubles de son pupille sans se conformer aux articles 457 et suiv. ; néanmoins il les affecte valablement par les obligations qu'il contracte dans la limite de ses pouvoirs. Il en est de même du mineur émancipé, et, comme nous l'avons déjà dit, de la femme séparée de biens.

Par conséquent l'insaisissabilité des immeubles dotaux à raison des obligations contractées par la femme dotale pendant le mariage ne s'explique ni par la nature du bien, ni par les règles auxquelles il serait soumis. Nous ne pouvons dès lors la justifier que par des considérations tirées de la personne du propriétaire, nous pensons qu'elle est la conséquence de ce que la femme mariée sous ce régime est atteinte d'une incapacité spéciale, en vertu de laquelle elle se trouve dans l'impuissance non seulement d'aliéner ses immeubles dotaux mais encore de les affecter à l'acquittement des obligations qu'elle contracte. Les précédents historiques et les textes du Code s'unissent pour appuyer cette théorie.

Justinien constate (Inst., lib. II, tit. VIII, *Quib. alien. licet vel non*, pr.) que la loi Julia défendait au mari d'aliéner l'immeuble dotal sans le consentement de sa femme, et lui interdisait de l'hypothèquer même avec le consentement de celle-ci. Rappelons, en passant, que sur ce dernier point l'auteur des Institutes a commis une erreur en prêtant à la loi Julia une décision, qui a seulement été consacrée par la jurisprudence comme une conséquence soit de certains édits d'Auguste et de Claude, soit du sénatusconsulte Velléien [1].

[1] Voy. à cet égard : Demangeat, *Du fonds dotal*, p. 210 et suiv.; C. Accarias, *Précis du droit romain*, t. I, n° 311.

Justinien va plus loin ; il prohibe l'aliénation du fonds dotal même avec le consentement de la femme. Les motifs de cette défense doivent être notés. Les Institutes nous les indiquent dans les termes suivants : *ne sexus muliebris fragilitas in perniciem substantiæ earum converteretur.* Le § 15 de la loi unique au Code *De rei uxoriæ actione* (V, 13.) nous donne la même explication : *ne (uxor) fragilitate naturæ suæ in repentinam deducatur inopiam.* Enfin la novelle 61 dit également (*Cap.* I, § 2) *: muliere quippe mariti seductionibus facile decepta et propria negligente jura....* La loi romaine, sans parler du sénatusconsulte Velléien, protégeait donc la femme d'une manière complète : elle la protégeait contre les pouvoirs excessifs du mari en le déclarant incapable d'aliéner seul le fonds dotal ; elle la protégeait contre sa propre faiblesse en décidant que son consentement ne validerait pas l'aliénation. Ce sont bien là des règles d'incapacité : la meilleure preuve en est dans la place qu'elles occupent au titre où Justinien traite de la capacité d'aliéner. L'inaliénabilité était donc en droit romain une conséquence des incapacités créées par le législateur.

Nos pays de droit écrit ont conservé, dans notre ancienne jurisprudence, les règles romaines, et les jurisconsultes qui les exposent en donnent la même justification. Après avoir reproduit le motif invoqué par Justinien, d'Olive [1] nous dit qu'il « embrasse « généralement l'un et l'autre cas et concerne également l'intérêt « de la femme à laquelle il importe que par une heureuse « impuissance elle soit empêchée de disposer de la constitution « dotale et qu'elle soit mise en un état dans lequel la fragilité « de son sexe se trouve à couvert des inductions qu'on pourrait « exercer sur son esprit imbécile pour la porter à se dépouiller « de sa dot en l'aliénant ou en consentant à son aliénation. « Justinien, passionné pour l'intérêt des femmes, a traité si favo- « rablement les dots qu'il les a considérées comme chose sacrée, « les rendant inprescriptibles et inaliénables et les mettant hors « du commerce des hommes.... En ce concours de faveurs et de « la personne et de la chose, il n'y a point d'apparence qu'on « fasse jamais valoir cette aliénation, quoique l'intérêt du mari

[1] *Œuvres*, liv. III, ch. 29, p. 323 et 324, édit. de 1638.

« vienne à cesser, parce que celui de la femme reste toujours. »

Roussilhe n'est pas moins explicite. Après avoir cité l'article 3 du titre XIV de la coutume d'Auvergne, conforme à la disposition des lois romaines, il ajoute [1] : « L'annotateur de Prohet sur cet « article dit que, suivant la jurisprudence, les contrats qui con- « tiennent aliénation ou obligation des biens dotaux sont déclarés « nuls sans qu'il soit besoin de lettres de rescision et cite un arrêt « du mois de mars 1738 qui l'a ainsi jugé. Cet arrêt fut rendu « entre la veuve Paye, domiciliée de Clermont en Auvergne, et la « veuve Cassière, sur l'appel d'une sentence de la sénéchaussée « de Clermont qui entérinait les lettres de rescision que la veuve « Paye avait prises contre un contrat de constitution de rente « qu'elle et son mari avaient consenti au profit du sieur Cassière, « fondée sur les lois citées. L'arrêt infirma la sentence en ce « qu'elle avait entériné les lettres, émendant, sans s'arrêter aux « lettres, déclare nul le contrat de rente en ce qui concerne les « biens dotaux de la femme obligée avec son mari. »

On le voit, la règle de notre ancien droit était fondée sur la faiblesse, la dépendance, le défaut de liberté de la femme mariée, c'est-à-dire sur des considérations tirées, non de la nature du bien, mais de la personne du propriétaire. On en concluait que les immeubles dotaux étaient insaisissables parce que l'obligation était nulle en ce qui les concerne et qu'ils n'avaient pu devenir le gage des créanciers. La femme dotale est bien capable de s'obliger, pourvu qu'elle ait été habilitée, mais elle est incapable d'affecter ses immeubles dotaux à l'acquittement de ses obligations.

Les rédacteurs de notre Code ont obéi aux mêmes considérations; il suffit pour s'en convaincre de rappeler l'historique de la loi et de consulter les travaux préparatoires.

L'article 138 du projet, placé dans la section relative aux conventions exclusives de toute communauté et dans le § 1er consacré à la clause qui établit tous les biens de la femme purement dotaux, disposait [2] : « Les immeubles constitués en

[1] *De la dot*, ch. 15, sect. II, p. 280, édit. Sacaze (1856).
[2] Fenet, t. XIII, p. 521.

« dot, même dans le cas du présent paragraphe, ne sont point « inaliénables. »

Dans la séance du 13 vendémiaire an XII, Portalis critiqua cette disposition qui sacrifiait entièrement le système des pays de droit écrit. Berlier répondit que de deux choses l'une : ou la dot a été constituée par la femme elle-même ou elle a été constituée par autrui. Dans le premier cas, on a trouvé qu'il était peu conforme au droit de propriété que la femme se privât de ce droit et s'imposât à elle-même des entraves qui seraient souvent suivies de regrets; l'on a pensé aussi que cette *incapacité civile* nuirait à la société entière.

A la suite de ces observations et après une discussion approfondie [1], le principe de l'inaliénabilité fut admis par le conseil d'État et consacré par l'article 164 du nouveau projet présenté à la séance du 4 brumaire an XII, dans des termes identiques à ceux de notre article 1554 [2].

Cet article devenu l'article 168 du projet définitif fut expliqué par Berlier dans les termes suivants [3] : « Mais une autre diffé- « rence (avec la communauté) existe encore en ce que les « immeubles dotaux deviennent de leur nature inaliénables « pendant le mariage. Ainsi, ce n'est pas seulement le mari qui « ne pourra aliéner les immeubles dotaux de sa femme ; car dans « aucun système cette aliénation ne saurait être l'œuvre de celui « qui n'est pas propriétaire, mais c'est la femme elle-même qui « ne pourra aliéner ses immeubles dotaux, lors même que son « mari y consentirait. Cette disposition du droit romain *née du « désir de protéger la femme contre sa propre faiblesse et « contre l'influence de son mari*, est l'un des points fondamen- « taux du système. Notre projet l'a conservée. »

Le tribun Siméon, en présentant au Corps législatif le vœu du Tribunat pour l'adoption du projet, a dit également [4] :

« L'inaliénabilité de la dot, modifiée par les causes qui la « rendent juste et nécessaire et que la loi exprime, a l'avantage

[1] Fenet, t. XIII, p. 573 et suiv.
[2] Fenet, t. XIII, p. 589.
[3] *Exposé des motifs*, Fenet, t. XIII, p. 682.
[4] Fenet, t. XIII, p. 827.

« d'empêcher qu'un mari dissipateur ne consume le patrimoine « maternel de ses enfants, qu'une *femme faible ne donne à des « emprunts et à des ventes un consentement que l'autorité « maritale obtient presque toujours, même des femmes qui ont « un caractère et un courage au-dessus du commun.* L'inalié- « nabilité de la dot a tous les avantages des substitutions sans « aucun des inconvénients qui les ont fait proscrire. Elle « conserve les biens dans les familles, sans en empêcher trop « longtemps la disposition et le commerce. Sans gêner l'admi- « nistration du mari, elle *oppose une barrière salutaire à ses « abus.* »

Dans la pensée des rédacteurs du Code, c'est donc pour protéger la femme contre sa propre faiblesse, c'est pour mettre les immeubles dotaux à l'abri des conséquences des actes que l'influence de son mari pourrait l'amener à consentir, que la femme a été mise dans l'impossibilité de les aliéner et de les engager pendant la durée du mariage. Ce n'est ni par la nature du bien ni par la destination que lui a donnée la volonté des parties, mais par des considérations déduites de la personne de la femme et de sa faiblesse que se justifie la règle de la loi. Le législateur a craint que pour maintenir la paix dans le ménage, elle ne cède trop facilement aux obsessions de son mari ; il a craint que son consentement ne perde la liberté et l'indépendance qui en font la valeur. Voilà pourquoi il permet, par la stipulation du régime dotal, de frapper la femme d'une incapacité particulière. Les motifs qui expliquent notre règle sont analogues à ceux pour lesquels le mineur et l'interdit sont atteints d'incapacité. Sans doute, le législateur ne croit pas à la réalité constante de cette faiblesse de la femme : autrement, il aurait fait de cette incapacité une règle impérative et absolue ; mais il sait que ce danger est à redouter ; il offre aux parties un moyen de le prévenir en leur permettant de stipuler le régime dotal ; il laisse du reste à la femme et à sa famille le soin d'apprécier les circonstances et de fixer l'étendue de cette incapacité, soit en en modifiant les règles (art. 1557, C. c.), soit en déterminant par la constitution de dot les biens dont la femme ne pourra pas disposer.

Les textes de la loi viennent confirmer cette théorie.

Si l'article 1554 mettait les immeubles dotaux hors du commerce, il faudrait décider qu'ils sont imprescriptibles (arg. art. 2226, C. c.). Or, ils sont prescriptibles même pendant le mariage, si la prescription a commencé auparavant (art. 1561, C. c.).

Si l'article 1554 mettait les immeubles dotaux hors du commerce, il faudrait en conclure que les créanciers de la femme, à quelque date que leur créance ait pris naissance, ne pourraient pas les saisir pendant la durée du mariage, mais qu'ils pourraient en poursuivre l'expropriation forcée après la dissolution de l'union conjugale. Quant on veut en effet apprécier la validité d'une poursuite, il faut se placer au moment où elle est entamée et se demander si à cette époque les biens auxquels elle s'applique peuvent ou non être l'objet d'une saisie. Prenons, par exemple, l'article 592, Pr. civ.; supposons qu'un débiteur ne possède que des biens insaisissables en vertu de cet article. Ses créanciers ne pourront pas les frapper de saisie. Mais si le débiteur décède, l'insaisissabilité n'a plus de raison d'être et les créanciers pourront recourir à cette voie d'exécution. Il est manifeste que dans ces cas, la loi dispose en vue des objets dont elle entend assurer la conservation au débiteur malheureux parce qu'ils sont nécessaires à son existence; ce n'est pas contre une influence abusive exercée au moment où il contracte, qu'elle a voulu le protéger. Peu nous importe dès lors l'époque à laquelle est née l'obligation; pour déterminer les droits du créancier nous nous reportons toujours au moment de la saisie.

Bien différente est la règle suivie en notre matière et c'est à l'époque où l'obligation a pris naissance que nous nous placerons pour indiquer les biens qui pourront être saisis. La créance est-elle antérieure au mariage, les immeubles dotaux pourront être expropriés sur la poursuite du créancier et aliénés par la femme pour le désintéresser; est-elle née pendant le mariage, il en sera autrement, du moins en règle générale. Le droit du créancier est plus étendu dans le premier cas que dans le second. Quel peut être le motif de cette différence? Il faut pour l'expliquer qu'il se soit produit entre ces deux dates un évènement qui ait modifié la condition de la femme. Cet évènement, c'est son mariage et la stipulation du régime dotal. Si, dans le premier cas, la femme en s'obligeant affecte tous ses immeubles au paiement de ses créanciers, c'est qu'elle n'est pas encore mariée et qu'elle n'est pas exposée à subir cette influence contre les abus de laquelle la loi a permis de la protéger en autorisant la stipulation du régime dotal. Par conséquent, la disposition de la loi a été écrite en considération de la personne de la femme débitrice et non en considération du bien, et la règle qu'elle consacre est une règle d'incapacité.

Ajoutons, pour terminer notre démonstration, que de l'avis de tous les auteurs la femme peut ratifier en état de capacité l'acte qu'elle a accompli et lui procurer l'efficacité que les règles du régime dotal lui avaient partiellement enlevée. Or si l'insaisissabilité avait pour base l'inaliénabilité, toute confirmation serait inopérante. La confirmation ne se conçoit que pour les contrats entachés d'un vice qu'efface la volonté des parties, et il est manifeste que l'inaliénabilité est étrangère au contrat et ne saurait en être considérée comme un vice. Par conséquent puisque la ratification est possible, le vice qui infecte le contrat ne peut résider que dans la volonté de la femme et résulter de son incapacité.

Nous arrivons ainsi à cette conclusion. Les immeubles dotaux de la femme ne peuvent pas être saisis pendant le mariage par les créanciers envers lesquels elle s'est obligée *constante matrimonio* par un fait volontaire et licite, parce que la femme mariée sous le régime dotal est frappée d'une incapacité spéciale et se trouve dans l'impossibilité non seulement de les aliéner, mais encore de les affecter au paiement de ces obligations.

Cette théorie a, suivant nous, le grand avantage de faire du régime dotal un tout harmonique. La femme ne peut ester en justice relativement à ses biens dotaux même avec l'autorisation de son mari [1]. Ce n'est évidemment pas parce qu'ils sont inaliénables et placés hors du commerce, puisque le mari aura seul qualité pour figurer dans l'instance ; c'est parce qu'elle est incapable, et que

[1] Voy. sur cette délicate question les autorités citées dans la seconde édition que nous avons publiée, *du Traité de la Société d'acquêts*, de Tessier, p. 15, note 16 du n° 8.

nulle autorisation ne peut la relever de cette incapacité spéciale au régime dotal, ni l'autorisation de justice, ni même l'autorisation de son mari. De même, quand elle contracte des obligations pendant la durée du mariage, elle ne peut en principe affecter ses immeubles dotaux à leur acquittement; toute autorisation est inopérante; les deux règles étant identiques doivent avoir le même motif et ce motif ne peut résider que dans l'incapacité spéciale qui frappe la femme dotale.

Nous ne nous dissimulons pas cependant qu'une incapacité qui n'existe que relativement à certains biens présente quelque chose d'étrange pour l'esprit. A la réflexion cependant elle s'explique. La loi ne croit pas à la réalité constante et absolue de la faiblesse de la femme; autrement elle aurait fait de cette incapacité une règle générale et du régime dotal le régime de droit commun. Mais ce danger peut être à redouter, le législateur permet à la femme et à sa famille de prendre contre ce péril une sage mesure de précaution par la stipulation du régime dotal et il leur laisse le soin de fixer l'étendue de cette incapacité en déterminant les biens qui seront frappés de dotalité.

9. Ainsi donc, en principe, les immeubles dotaux ne peuvent pas être saisis à raison des obligations contractées par la femme pendant la durée du mariage. Cette règle s'applique en général et sous la réserve des exceptions consignées dans l'art. 1558, à toutes les obligations que la femme aurait contractées, à celles qu'elle a contractées seule avec l'autorisation de son mari, à celles qu'elle a contractées conjointement ou solidairement avec lui; elle s'applique aussi dans le cas où la femme ne s'est engagée que subsidiairement et s'est bornée à cautionner son mari [1]. La Cour de cassation a décidé, en conséquence, que l'obligation contractée par une femme dotale solidairement avec son mari ne peut avoir d'effet que sur ses paraphernaux et n'opère pas subrogation à l'hypothèque légale qui garantit la dot [2].

10. Nous appliquerions sans peine cette solution au cas où l'obligation contractée par la femme serait relative à ses immeubles dotaux. Supposons, par exemple, qu'en aliénant, contraire-

[1] Aubry et Rau, t. V, p. 609, § 538.

[2] Req. rej. 14 novembre 1866, Sir., 67, I, 21.

ment à l'art. 1554, un de ses immeubles dotaux, elle ait *formellement* contracté vis-à-vis de son acquéreur une obligation de garantie. Elle poursuit ultérieurement la nullité de cette aliénation et demande la restitution de son immeuble. Elle n'aura certainement rien à redouter de l'exception de garantie ; car l'obligation spéciale qu'elle a contractée de ce chef ne grève pas ses immeubles dotaux et ne peut pas, par suite, faire obstacle à son action. Mais cette obligation, à l'exécution de laquelle ne sont pas affectés les immeubles dotaux, pourrait s'exécuter sur les biens paraphernaux, qui sont le gage général des créanciers de la femme. L'aliénation est nulle et la femme doit triompher dans son action en nullité, mais l'obligation de garantie subsiste, et si l'exécution n'en peut pas être poursuivie sur les biens dotaux, l'acquéreur pourra du moins agir sur les biens paraphernaux [1].

Le même principe nous servira à déterminer les effets d'une acceptation pure et simple faite par la femme d'une succession à elle échue pendant le mariage et dont les biens se trouvent frappés de dotalité en vertu des clauses du contrat de mariage. Par son acceptation la femme s'oblige envers les créanciers héréditaires, et cette obligation est le résultat d'un fait volontaire et licite de sa part; il est dès lors facile, à l'aide des principes que nous venons de poser, de déterminer les biens sur lesquels les créanciers héréditaires pourront poursuivre le paiement de ce qui leur est dû. Ils auront le droit d'agir sur les biens paraphernaux de la femme, puisqu'elle s'est valablement obligée, et sur les biens héréditaires, parce qu'il n'y a de dotal que l'actif net de la succession ; mais ils ne pourront pas saisir les autres biens dotaux de la femme parce qu'ils ne sont pas devenus leur gage [2].

[1] Voy. en ce sens : Aubry et Rau, t. V, p. 572, § 537 texte, et note 51, et les nombreuses autorités citées, auxquelles on peut ajouter : Roussilhe, *De la dot*, t. I, p. 438 ; Colmet de Santerre, t. VI, p. 510, n° 232 *bis*, XXI. Rouen, 28 mars 1881, Sir., 82, II, 41. — Voy. en sens contraire, outre les autorités citées par Aubry et Rau : Gide, *Condition de la femme*, p. 513. — Comp. Pau, 27 juin 1867, Sir., 69, II, 69.

[2] Voy. en ce sens : Duranton, t. XV, n° 533 ; Tessier, *De la dot*, t. I, p. 447 ; Troplong, t. IV, n° 3332 ; Rodière et Pont, t. III, n°s 1823 et suiv. ; Aubry et Rau, t. V, p. 615, § 538 texte, et notes 35 et 36 ; Nîmes, 5 mai 1861, Sir., 61, II, 369 ; Civ. rej., 18 août 1869, Sir., 70, I, 69.

11. Nous venons de voir que les créanciers, envers lesquels la femme s'est obligée pendant la durée du mariage, ne peuvent pas, *constante matrimonio,* saisir les immeubles dotaux. Il est nécessaire de rechercher quelle influence la dissolution du mariage exerce sur leurs droits et de nous demander si la poursuite en expropriation forcée, impossible pendant l'union conjugale, ne doit pas être autorisée à partir de sa dissolution.

Cette question a été résolue affirmativement par quelques auteurs [1]; ils ont reconnu aux créanciers de la femme le droit de saisir les immeubles dotaux après la dissolution du mariage par quelque cause que cette dissolution se soit produite, qu'il y ait eu prédécès du mari ou prédécès de la femme. Cette solution peut sembler logique à ceux qui admettent que l'article 1554 a seulement eu pour but de mettre les biens dotaux hors du commerce. Dans cette opinion on conçoit fort bien que l'insaisissabilité cesse avec le mariage et qu'à la dissolution les créanciers puissent user d'un droit dont l'exercice n'a été que temporairement suspendu.

Quant à nous, nous n'hésitons pas à repousser cette doctrine : les immeubles dotaux ne sont pas devenus le gage de ces créanciers, parce que, au moment où elle s'obligeait envers eux, la femme était incapable de les affecter au paiement des obligations qu'elle contractait. La dissolution du mariage ne saurait modifier les effets de la convention et étendre les droits des créanciers.

Sur ce point nous sommes d'accord avec les auteurs qui font de l'insaisissabilité une conséquence de l'inaliénabilité et la déduisent de l'article 1554. Ils refusent, d'abord, de reconnaître aux créanciers le droit de saisir les immeubles dotaux après la dissolution du mariage quand le mari est prédécédé. Si, en effet, ils pouvaient poursuivre leur paiement sur ces biens, c'est qu'ils les auraient pour gage. Or il ne saurait en être ainsi, puisque leur droit est né pendant le mariage, c'est-à-dire à une époque où toute affectation est impossible ; car la loi prohibe toute aliénation, aussi bien l'aliénation indirecte que l'aliénation directe. Ces auteurs refusent également aux créanciers le droit de saisir les immeu-

[1] Delvincourt, *Code civil,* t. III, p. 111 ; Toullier, t. XIV, nos 333, 334, 346. — Cf. Troplong, t. IV, no 3312.

bles dotaux quand le mariage a été dissous par le prédécès de la femme. Car l'inaliénabilité a été édictée non seulement dans l'intérêt de la femme, mais encore dans l'intérêt de ses héritiers, et il est juste que l'insaisissabilité, qui en est la conséquence, profite à ces derniers comme elle profite à la première.

Après avoir décidé que les immeubles dotaux restent au moins dans certains cas insaisissables après la dissolution du mariage, on s'est divisé sur l'application de la règle.

On a proposé de distinguer suivant la cause qui a entraîné la dissolution du mariage.

Dans cette opinion, toute saisie des immeubles dotaux sera impossible à raison des engagements contractés par la femme pendant le mariage, s'il est dissous par le prédécès du mari. Car, s'il en était autrement, la protection de la loi serait manifestement insuffisante, et le législateur n'aurait, en réalité, imposé qu'un sursis à l'action du créancier. Telle n'a certainement pas été sa volonté.

Si, au contraire, le mariage est dissous par le prédécès de la femme, les solutions les plus diverses ont été proposées : les uns décident que les biens dotaux sont saisissables dans tous les cas entre les mains des héritiers de la femme [1]; les autres, qu'ils sont insaisissables, si ces héritiers ont pris la sage précaution de n'accepter la succession que sous bénéfice d'inventaire, mais qu'ils peuvent être saisis dans le cas d'acceptation pure et simple [2].

Nous croyons que toutes ces distinctions doivent être également rejetées et nous pensons que dans tous les cas les immeubles dotaux restent, même après la dissolution du mariage, insaisissables à raison des obligations contractées par la femme pendant la durée de l'union conjugale. Nous ne justifierons pas cette solution en disant que l'affectation de ces biens à l'acquittement des dettes nées dans ce laps de temps constituerait une aliénation indirecte aussi contraire que l'aliénation directe aux dispositions de la loi, et que l'insaisissabilité a été admise non seulement dans

[1] Paris, 18 mars 1821, Sir., 22, II, 342; Paris, 6 décembre 1825, Sir., 27, I, 379; Toulouse, 29 novembre 1834, Sir., 35, II, 462.

[2] Caen, 10 janvier 1842, Sir., 42, II, 209.

l'intérêt de la femme, mais encore dans l'intérêt de ses héritiers. Tout autre est, à nos yeux, le véritable motif de cette décision.

En principe la femme mariée sous le régime dotal est incapable, soit avec le consentement de son mari, soit avec l'autorisation de justice, non seulement d'aliéner ses immeubles dotaux, mais encore, ainsi que nous l'avons déduit du rapprochement de l'article 1558, de les affecter à l'acquittement des obligations qu'elle contracte pendant la durée du mariage. Par conséquent, les immeubles dotaux ne sont pas devenus le gage des créanciers dont le droit est né dans ces conditions ; la créance, dont ils sont titulaires, est, à raison de la date de sa naissance, infectée d'un vice ; valable en elle-même, elle est partiellement invalide ; elle est, comme le disait Roussilhe, nulle à l'égard des biens dotaux, ou pour employer les termes que nous relevons dans plusieurs arrêts, elle est valable avec cette restriction qu'elle ne peut être exécutée sur les biens dotaux. La dissolution du mariage ne peut évidemment pas effacer ce vice originaire ; les biens dotaux sont donc insaisissables après la dissolution du mariage comme ils l'étaient pendant sa durée [1].

Nous avons admis qu'il en était ainsi non seulement dans le cas de prédécès du mari, mais encore dans le cas de prédécès de la femme, non seulement quand ses héritiers ont accepté sa succession sous bénéfice d'inventaire, mais encore quand ils l'ont acceptée purement et simplement. Une observation est cependant nécessaire dans ce dernier cas. Si les héritiers de la femme ont accepté la succession de celle-ci purement et simplement, ils ne sont pas, il est vrai, exposés à voir saisir entre leurs mains les immeubles dotaux ; mais ils répondent des dettes de la femme, non seulement sur les biens paraphernaux de celle-ci, mais encore sur tous leurs biens personnels [2].

[1] Voy. en ce sens les autorités citées : pour l'ancien droit, par Tessier, *De la dot*, t. I, p. 320, note 521, et pour le droit actuel, par Aubry et Rau, t. V, p. 607 et 608, § 538, notes 13 et 14, auxquelles il convient d'ajouter : Colmet de Santerre, t. VI, p. 476, n° 226 *bis*, VII ; Laurent, t. XXIII, n° 551. — Voy. aussi Rodière et Pont, t. III, n°s 1767 et 1768.

[2] Voy. en ce sens ; Aubry et Rau, t. V, p. 616, § 538 et les autorités

12. Continuons l'examen des hypothèses qui sont susceptibles de se présenter dans la pratique. La femme survivante ou les héritiers de la femme prédécédée aliènent, après la dissolution du mariage, les immeubles dotaux, qui ont cessé d'être inaliénables; les créanciers envers lesquels la femme s'est obligée pendant le mariage, et qui, par suite, n'ont pas action sur ces immeubles, auront-ils le droit de frapper de saisie-arrêt le prix moyennant lequel la vente a été consentie, et de demander qu'il leur soit attribué en paiement de ce qui leur est dû?

Nous croyons qu'il faut répondre négativement; car, de même que l'immeuble qu'il représente, ce prix n'est pas compris dans leur gage; ils ne peuvent pas saisir l'immeuble pour le faire vendre aux enchères et se faire payer sur le prix de l'adjudication; ils ne sauraient avoir sur ce prix des droits plus étendus dans le cas de vente amiable [1].

Tout en faisant bénéficier de cette règle les héritiers *ab intestat* de la femme, la Cour de Paris y a néanmoins fait exception dans le cas où les immeubles dotaux sont aliénés par un légataire universel, qui les a recueillis [2]. D'après la Cour, il répugne à la raison non moins qu'à la saine entente des lois de la matière, qu'à l'égard des héritiers institués le privilége de la dotalité survive à la transformation par eux faite des biens qu'ils ont reçus de la femme dotale, et on ne peut pas, sans offenser l'esprit de la législation, étendre au prix d'immeubles dotaux, quand ils sont vendus par le légataire universel, des immunités qui n'ont été établies que pour les immeubles eux-mêmes et dans l'intérêt des familles.

Cette décision nous inspire les doutes les plus sérieux : si l'immeuble dotal n'est jamais, en quelques mains qu'il se trouve (la Cour de Paris ne le conteste pas), le gage des créanciers envers lesquels la femme s'est obligée pendant le mariage, si ceux-ci ne peuvent saisir le prix moyennant lequel l'aliénation

citées à la note 37, auxquelles il convient d'ajouter : Colmet de Santerre, t. VI, p. 476, no 226 *bis*, II. — Bordeaux, 23 mars 1865, Sir., 65, II, 334.

[1] Voy. en ce sens : Labbé, *Rev. crit.*, t. IX, p. 1 à 18; Aubry et Rau, t. V, p. 608, § 538, note 15. — Douai, 27 juillet 1853. Sir., 54, II, 181.

[2] Paris, 9 juin 1856, Sir., 56, II, 330.

en a été consentie après la dissolution du mariage par la femme ou par ses héritiers (la Cour le reconnaît), nous ne voyons pas comment et pourquoi les droits des créanciers seront plus étendus, parce que l'aliénation aura été consentie par un légataire universel de la femme. Dans tous les cas, ces immeubles ne sont pas leur gage; dans tous les cas, le prix réalisé par leur vente doit également échapper à leur action.

13. Mais il peut se faire que la femme survivante soit appelée à recueillir des biens, qui auraient été dotaux si le mariage n'avait pas été dissous par le prédécès du mari. Elle s'est, par exemple, constitué en dot tous ses biens présents et à venir; après la dissolution du mariage, il lui advient une succession; si cette succession lui était échue pendant le mariage, les immeubles qui en dépendent auraient été dotaux; par suite, ils n'auraient pas été le gage des créanciers envers lesquels elle s'est obligée pendant le mariage; mais au moment de l'ouverture de la succession, le mariage est dissous; ces immeubles ne peuvent pas être dotaux; quels seront les droits de ces créanciers?

Notre regretté collègue, M. Gide, enseigne, dans sa remarquable étude sur la condition privée de la femme [1], qu'ils ne peuvent pas saisir ces biens. Car toute autre solution rendrait complétement illusoires les garanties du régime dotal et la sage prévoyance des parents serait déjouée. Ils ont voulu, en stipulant ce régime, protéger leur fille contre l'abus que le mari pourrait faire de son autorité et de son influence; ils ont voulu soustraire les biens qu'elle recueillera dans leur succession à l'action de ces créanciers. Or, dans l'opinion contraire, leur légitime espérance serait déçue; il ne peut pas en être ainsi et toute saisie doit être déclarée impossible.

Nous pensons, au contraire, que la saisie sera valable; car la femme dotale est capable de s'obliger, elle est seulement incapable d'engager ses immeubles dotaux. Capable de s'obliger, elle affecte, en conséquence, à l'acquittement de ses obligations tous ses biens présents et à venir, pourvu qu'ils ne soient pas dotaux. Or, les biens qui lui échoient après la dissolution du mariage ne

[1] P. 512.

sont pas dotaux, puisque la dotalité est liée au mariage et ne peut frapper un bien sur lequel la femme n'a eu aucun droit pendant la durée de son union. Par conséquent, ces biens sont compris dans le gage de tous ses créanciers sans distinction et peuvent être saisis par eux [1].

14. Ce n'est pas seulement la propriété de ses biens dotaux que la femme est incapable d'affecter au paiement de ses créanciers; c'est encore la jouissance de ces biens.

Il est certain que les créanciers de la femme ne peuvent pas saisir cette jouissance pendant la durée du mariage; car elle appartient au mari (art. 1549, C. c.) et elle n'a pas pu devenir leur gage.

Après la dissolution du mariage, il en est de même, à notre avis, à l'égard des créanciers de la femme dont le droit est né pendant le mariage. Cette question est certainement l'une des plus difficiles et des plus délicates de notre matière. Notre opinion s'appuie sur ce que la femme pendant le mariage, ne peut pas plus affecter à l'acquittement de ses obligations les revenus de ses biens dotaux qu'elle n'aurait le droit de le faire pour la nue-propriété. Elle est même incapable d'engager cette jouissance pour l'époque où elle lui fera retour. Ce droit n'est entre ses mains qu'un accessoire, qu'une conséquence de son droit de propriété; il ne constitue pas une valeur distincte et indépendante; il ne peut pas devenir d'une manière principale le gage de ses créanciers. De même que l'usufruit causal ne peut pas être hypothéqué indépendamment de la propriété [2], de même il ne peut pas être, indépendamment de cette dernière, le gage des créanciers. Or la femme est incapable d'engager la nue-propriété de ses immeubles dotaux pour l'époque où la dotalité aura cessé; elle n'a pas pu davantage en affecter la jouissance pour

[1] Voy. en ce sens : Demolombe, *Rev. de législ. et de jurispr.* (1835), t. II, p. 282 et suiv.; Marcadé, t. VI, sur l'art. 1551, n° 8; Troplong, t. IV, n° 3314; Colmet de Santerre, t. VI, p. 476, n° 226 *bis*, VII; Caen, 26 juin 1835, Sir., 35, II, 564; Civ. Cass., 7 décembre 1842, Sir., 43, I, 323; Paris, 23 novembre 1865, Sir., 66, II, 6.

[2] Voy. en ce sens : Aubry et Rau, t. III, p. 125, § 259, note 6; Thézard, *Des priv. et hypot.*, p. 66, n° 39. — Voy. cependant en sens contraire : Laurent, t. XXX, n° 286.

l'époque de la dissolution du mariage [1]. C'est en ce sens d'ailleurs que la jurisprudence paraît se prononcer [2].

15. Après avoir ainsi déterminé les droits des créanciers envers lesquels la femme s'est obligée pendant le mariage, nous allons rechercher quelle est la sanction des règles que nous venons d'exposer. L'immeuble dotal a été saisi sur la femme pour des obligations de cette nature. La saisie est entachée de nullité, parce que la femme, à raison de son incapacité, n'a pas pu affecter cet immeuble à l'acquittement d'une semblable dette et que, par conséquent, le créancier, dont il n'était pas le gage, n'avait pas le droit de le saisir.

Dans quel délai cette nullité doit-elle être proposée? Nous pensons qu'il faut appliquer l'art. 728, Pr. civ., et décider qu'elle doit être demandée, à peine de déchéance, trois jours au plus tard avant la publication du cahier des charges. Cet art. 728, Pr. civ., porte que « les moyens de nullité, tant en la forme qu'au « fond, contre la procédure qui précède la publication du cahier « des charges, devront être proposés, à peine de déchéance, « trois jours au plus tard avant cette publication. » Ce texte est général, il embrasse dans sa disposition tous les moyens de nullité, même les nullités basées sur le fond du droit. Or, dans notre hypothèse, la saisie est nulle, parce qu'elle frappe un immeuble que le créancier n'avait pas le droit de saisir, sur lequel il ne pouvait pas poursuivre son paiement. Par conséquent ce moyen de nullité, au fond, doit être proposé dans le délai imparti par notre article.

Telle a été, du reste l'intention du législateur, quand, par la loi du 2 juin 1841, il a édicté le nouvel art. 728. Cet article a eu en effet pour but de mettre un terme aux difficultés soulevées par l'ancien article 733. Sous l'empire de ce texte, on admettait sans

[1] Voy. en ce sens : Aubry et Rau, t. V, p. 608, § 538 texte, et note 16, ainsi que les autorités qui y sont citées et auxquelles il convient d'ajouter : Colmet de Santerre, t. VI, p. 479, nº 226 *bis*, X. — Voy. cependant en sens contraire, outre les autorités citées par Aubry et Rau : Laurent, t. XXIII, nº 552.

[2] Cass., ch. réun., 7 juin 1864, Sir., 64, I, 201 ; Pau, 25 novembre 1879, Sir., 81, II, 183.

contestation que les demandes en nullité de la saisie pour inobservation des formes ou des délais relatifs aux actes antérieurs à l'adjudication préparatoire devaient être formées avant cette adjudication. Mais on hésitait à étendre cette solution aux demandes en nullité basées sur le fond du droit, par exemple, sur la nullité ou l'extinction de la créance du poursuivant. Après avoir admis d'abord l'affirmative [1], s'être ensuite prononcée en sens contraire [2], la Cour de cassation est plus tard revenue à sa première jurisprudence [3]. C'est également cette première opinion de la Cour suprême qui a été consacrée par les auteurs du nouvel art. 728. Il est donc certain que cette disposition s'applique à toutes les demandes en nullité de la saisie au fond, soit que le saisi soutienne que la créance du saisissant est éteinte par paiement, compensation ou prescription, soit qu'il la prétende inexistante pour défaut de consentement ou absence de cause, soit qu'il l'argue de nullité pour incapacité ou vice du consentement. Or nous avons démontré que l'obligation contractée par la femme dotale pendant le mariage, valable en elle-même, est, à raison de l'incapacité spéciale née de la stipulation de ce régime, invalide en ce qui concerne les immeubles dotaux sur lesquels elle ne peut pas être exécutée. Par conséquent, la nullité fondée sur ce motif rentre absolument dans le cadre de notre art. 728 : la volonté du législateur, comme le texte de la loi, nous détermine à décider qu'elle devra, à peine de déchéance, être proposée dans le délai fixé par cet article [4].

16. Si la demande en nullité de la saisie n'est pas formée dans

[1] Civ. Cass., 20 août 1823, Sir., 24, I, 29.

[2] Civ. rej., 17 juin 1828, Dalloz, Jurisp. gén., v° *Vente publique d'immeubles*, n° 1221, note 1.

[3] Req. rej., 30 avril 1850, Sir., 50, I, 498, et 5 mai 1846, Sir., *eod. loc.* rapport de M. Nachet. Quoique postérieurs à la loi du 2 juin 1841, ces arrêts ont été rendus par application de l'ancien article 733, Proc. civ.

[4] Voy. en ce sens ; Demolombe, *Rev. crit.*, (1851), t. I, p. 148, § 11 ; Aubry et Rau, t. V, p. 610, § 538 texte, et note 19. — Voy. aussi en ce sens les arrêts cités par Aubry et Rau, auxquels il convient d'ajouter : Req. rej., 16 mai 1870, Sir., 71, I, 78 ; Caen, 29 août 1873, Sir., 75, II, 330. — Voy. cependant en sens contraire ; Chauveau, *Proc. civ.*, quest. 2422 *undec.* (4e édition).

ce délai, la procédure en expropriation forcée suivra son cours et l'adjudication de l'immeuble dotal sera valablement prononcée. La femme ne serait pas admise à la critiquer, elle ne pourrait pas la faire tomber pour ce motif et elle n'aurait pas le droit d'agir en revendication contre l'adjudicataire. En le décidant ainsi, le législateur a voulu, dans un intérêt d'ordre public sur lequel il est inutile d'insister, mettre les ventes faites en justice à l'abri de toute réclamation.

Néanmoins les droits de la femme ne sont pas absolument éteints; sans doute, l'adjudication est définitive et irrévocable, et la femme ne peut pas l'attaquer; mais si le prix n'a pas encore été payé par l'adjudicataire, elle peut s'opposer à ce qu'il soit attribué aux créanciers qui demandent leur collocation. Car du moment où il est la représentation d'une chose qui ne leur est pas affectée, il n'est pas leur gage et ces créanciers ne peuvent élever aucune prétention sur les sommes ainsi obtenues. En conséquence, la femme est fondée, à ce titre, à demander que le montant de ce prix lui soit remis [1].

Enfin, si le paiement avait été effectué entre les mains des créanciers en vertu de la collocation accordée par le juge, la femme ne pourrait pas le contester pas plus qu'elle ne serait admise à attaquer l'adjudication elle-même.

17. Nous n'avons parlé jusqu'ici que des immeubles dotaux; la question que nous avons discutée s'agite également en ce qui concerne la dot mobilière. Sans entrer dans l'examen de la controverse si célèbre et si connue que soulève son inaliénabilité, nous devons essayer de déterminer quels sont, sur la dot mobilière, les droits des créanciers envers lesquels la femme s'est obligée pendant la durée du mariage. Cette fixation dépend de la solution que l'on donne à la controverse que nous avons rappelée.

Si l'on décide que la femme mariée sous le régime dotal est capable pendant le mariage d'aliéner et d'engager sa dot mobilière, il est certain que les meubles dotaux corporels et incorporels, l'action en restitution dont la femme est investie contre son

[1] Voy. en ce sens : Aubry et Rau, t. V, p. 610, § 538. — Req. rej., 21 janvier 1856, Sir., 56, 1 329.

mari et l'hypothèque légale qui en est la garantie seront le gage des créanciers envers lesquels elle se sera obligée pendant la durée de son union. Dans ce système, en effet, elle est capable d'affecter sa dot mobilière à l'exécution des engagements qu'elle contracte et elle consent une pareille affectation, en vertu de l'art. 2092, par cela seul qu'elle s'oblige valablement.

Il en sera autrement, si l'on admet avec une jurisprudence qui semble définitivement établie, que l'incapacité de la femme dotale ne doit pas être restreinte aux immeubles dotaux, qu'elle s'étend à tous les biens dotaux sans distinction. Dans cette opinion, les créanciers envers lesquels la femme se sera obligée *constante matrimonio* seront, tant pendant le mariage qu'après sa dissolution, dans l'impossibilité de saisir le capital, les revenus et les intérêts de la dot mobilière et de retenir ce capital, ces revenus et ces intérêts par voie de compensation ou de toute autre manière. Car ces biens ne sont pas leur gage [1].

La jurisprudence a déduit de ce principe une intéressante conséquence. On sait que l'immeuble acquis des deniers dotaux n'est pas dotal, si la condition de l'emploi n'a pas été stipulée dans le contrat de mariage (art. 1553, C. civ.) ; on sait qu'il en est de même de l'immeuble donné en paiement de la dot constituée en argent (art. 1553, C. civ.); on sait enfin qu'il en est encore de même de l'immeuble donné à la femme en paiement de sa dot mobilière soit par le mari après la séparation de biens, soit par les héritiers du mari prédécédé après la dissolution du mariage. Dans tous ces cas, l'immeuble ainsi devenu la propriété de la femme, n'étant pas dotal, peut être saisi par tous les créanciers de celle-ci, même par ceux dont le droit est né pendant le mariage. Est-ce à dire qu'ils seront fondés à demander leur collocation sur l'intégralité du prix moyennant lequel il a été adjugé? La jurisprudence s'est prononcée pour la négative; car cet immeuble représente, jusqu'à due concurrence, la dot mobilière de la femme, ou la partie de cette dot employée à son acquisition ;

[1] Voy. en ce sens : Aubry et Rau, t. V, p. 611, § 538, texte et note 22. Civ. Cass., 12 mars 1866, Sir., 66, I, 159; Trib. civ. de Grenoble, 14 mars 1872, Sir., 72, II, 249; Req. rej., 3 février 1879, Sir., 79, I, 353; Rennes, 4 mars 1880, Sir., 81, II, 268.

dans cette mesure, il comprend, il renferme une valeur qui n'est pas le gage des créanciers, envers lesquels la femme s'est obligée *constante matrimonio;* ceux-ci ne peuvent donc se faire payer que sur ce dont le prix obtenu par l'adjudication excède la dot mobilière ou la partie de cette dot, en paiement de laquelle l'immeuble a été cédé à la femme. C'est pourquoi, la jurisprudence n'en autorise la saisie que si les créanciers prennent l'engagement de porter l'immeuble à une valeur suffisante pour remplir la femme de sa dot mobilière [1].

18. Nous avons ainsi terminé l'exposition des règles auxquelles est soumise l'exécution des obligations contractées par la femme durant le mariage et qui ont leur cause dans un fait volontaire et licite de sa part. Dans cet examen, nous avons toujours pris pour exemple des obligations conventionnelles; mais les mêmes principes s'appliqueraient aux obligations nées de quasi-contrats, lorsque la femme y a joué un rôle actif, ainsi que nous aurons occasion de le dire (*infra*, n° 21). Il faut maintenant nous occuper des obligations, qui, d'après le droit commun, naissent valablement, quoique la femme n'ait été autorisée ni par son mari, ni par justice. La stipulation du régime dotal exerce-t-elle quelque influence sur ces engagements?

Il est certain qu'elle n'empêche pas l'obligation de naître valablement; car la femme dotale, comme nous l'avons vu, n'est pas incapable de s'obliger.

Sur quels biens ces créanciers pourront-ils poursuivre leur paiement si leur droit est né, comme nous le supposons, pendant le mariage?

Ils auront incontestablement le droit d'agir sur les biens paraphernaux de la femme.

Mais pourront-ils soit pendant le mariage, soit après sa disso-

[1] Voy. en ce sens : Tessier, *De la dot*, t. I, p. 238; Aubry et Rau, t. V, p. 611, § 538, texte et note 23, et les nombreux arrêts cités, auxquels il convient d'ajouter : Civ. Cass., 12 avril 1870, Sir., 70, I, 185; Civ. Cass., 21 novembre 1871, Sir., 71, I, 115; Montpellier, 21 juin 1871, Sir., 71, II, 88; Req. rej., 29 décembre 1875, Sir., 77, I, 58. — Voy. cependant en sens contraire : Caen, 15 février 1870, Sir., 70, II, 117 (cassé par l'arrêt du 21 novembre 1871, ci-dessus).

lution, saisir les biens dotaux, et se faire payer sur le prix réalisé par leur vente? Nous serions disposé à répondre affirmativement. Car la stipulation du régime dotal a pour but de protéger la femme contre sa propre faiblesse et les abus d'influence auxquels elle l'expose : or ici il n'y a à redouter aucun danger de cette nature, puisque l'obligation naît sans aucun fait, de la part de la femme, sans aucune manifestation de sa volonté. Dès lors le régime dotal doit être sans effets sur les conséquences de ces obligations. *Cessante ratione legis cessat ejus dispositio*. Nous appliquerons donc les principes du droit commun et nous dirons que ces créanciers ont un droit de gage général sur tous les biens de la femme leur débitrice, sans distinction entre les biens dotaux et les biens paraphernaux (art. 2092 C. c.).

19. Passons maintenant à l'application de notre principe; suivons-le dans ses conséquences; il nous permettra de résoudre facilement des controverses souvent très délicates.

La femme sera d'abord tenue sur tous ses biens, même sur ses biens dotaux, des obligations qui découlent de la loi. Car elles naissent sans aucun acte de sa liberté, sans aucun consentement de sa volonté. Par conséquent, ces créanciers auront le droit de saisir même les biens dotaux, et d'en poursuivre la vente pour se faire payer sur le prix.

On peut cependant tirer de l'article 1558, 2° une objection contre la généralité de la solution que nous proposons. Aux termes de cette disposition, l'immeuble dotal peut être aliéné, avec permission de justice, pour fournir des aliments à la famille dans les cas prévus par les articles 203, 205 et 206 au titre du mariage. Si, dans cette hypothèse, l'immeuble dotal peut être aliéné, c'est qu'il est le gage de ces créanciers qui auraient le droit de le saisir. Or, pourrait-on dire, il s'agit ici d'une obligation légale, et s'il était vrai que l'immeuble dotal pût être saisi pour l'exécution de toutes les obligations légales dont la femme serait tenue, la disposition de notre article serait inutile, et comme il est impossible d'admettre une semblable conséquence, on en conclurait qu'il faut rejeter le principe qui l'engendre.

Nous ne croyons pas l'objection fondée. Il est certain pour nous qu'aucun texte n'est ni directement ni indirectement contraire à la solution que nous proposons, et comme elle est parfaitement conforme au but que le législateur a poursuivi en autorisant la stipulation du régime dotal, nous pensons qu'elle doit être admise. Sans doute elle rend inutile le 2° de l'art. 1558. Mais est-ce là le premier exemple d'une disposition inutile dans notre Code, spécialement en notre matière? Quelle est, par exemple, l'utilité de l'art. 1557, qui dit que l'immeuble dotal peut être aliéné lorsque l'aliénation en a été permise par le contrat de mariage? Cet article aurait eu sa raison d'être dans une législation, qui, à l'exemple de notre ancienne jurisprudence, aurait fait de l'inaliénabilité une règle d'ordre public. Mais sous l'empire de notre Code, où l'inaliénabilité ne dépend que de la volonté des parties, interprétée, à défaut de manifestation expresse, par l'art. 1554, elle est évidemment inutile. On ne peut dès lors être surpris de rencontrer dans l'article suivant une autre disposition également inutile. Du reste l'œuvre du législateur s'explique sans peine; en consacrant un chapitre spécial au régime dotal, il a voulu donner satisfaction aux réclamations des pays de droit écrit; il a voulu montrer qu'il sanctionnait les règles qui y étaient suivies et il a reproduit des décisions dont la place était plutôt marquée dans un commentaire que dans un texte de loi.

Concluons donc que les biens dotaux peuvent être saisis pour l'exécution des obligations dont la femme dotale se trouve grevée pendant le mariage en vertu de la loi. Quelques exemples feront suffisamment ressortir l'importance pratique de notre doctrine.

20. Nous citerons en premier lieu les obligations qui résulteraient d'une tutelle (art. 1370, C. c.) à laquelle la femme serait appelée pendant le mariage. Le mari, par exemple, est frappé d'interdiction et la femme est nommée tutrice (art. 507, C. c.). Tous les immeubles de la femme, même ses immeubles dotaux, seront grevés de l'hypothèque légale (art. 2121, C. c.), garantie de la tutelle.

La même règle s'appliquera au paiement de la contribution

foncière; et la femme en sera tenue sur tous ses biens, même sur ses biens dotaux [1].

Elle s'appliquera également au paiement des droits de mutation dûs par une femme, qui s'est constitué en dot tous ses biens présents et à venir, à l'occasion d'une succession à elle échue pendant le mariage. La régie de l'enregistrement pourra en poursuivre le recouvrement non-seulement sur les revenus des biens héréditaires, qui d'après la jurisprudence sont affectés d'un privilége à son profit, mais encore sur les biens héréditaires et sur tous les autres biens dotaux de la femme. Il serait impossible de limiter son action aux biens héréditaires en soutenant que l'obligation de payer ces droits constitue une dette héréditaire, et que la dotalité ne frappe que l'actif net de la succession. Car l'administration n'est pas créancière de la succession, elle est créancière des héritiers contre lesquels elle est même investie d'une action solidaire (art. 32, L. 22 frimaire an VII).

La question délicate que nous venons de résoudre s'est, dans ces dernières années, présentée plusieurs fois devant la justice et l'opinion que nous avons acceptée a, en définitive, été admise par les magistrats. Nous citerons d'abord un jugement du tribunal de première instance de Bordeaux, en date du 16 décembre 1878. Mais nous n'insistons pas sur cette décision, car le tribunal n'a pas examiné la question de principe; il se fonde sur des considérations de fait tirées des termes du contrat de mariage et de la volonté des époux de ne frapper de dotalité les biens héréditaires échus à la femme que déduction faite des charges et des droits de mutation qu'elle peut être tenue d'acquitter. Il a décidé que les fonds héréditaires pouvaient être employés à payer les droits de mutation parce que dans cette mesure ils n'étaient pas dotaux en vertu du contrat de mariage.

La Cour d'appel de Caen a eu également à examiner cette question et elle a consacré notre opinion en la justifiant précisément par les raisons de principe que nous avons invoquées. Son arrêt est du 18 juin 1880 [2]; il nous paraît d'autant plus utile d'en reproduire

[1] Voy. en ce sens : Aubry et Rau, t. V, p. 615, § 538. — Limoges, 28 mai 1863, Sir., 63, II, 140.

[2] Sir., 81, II, 1.

les principaux considérants, qu'ils renferment un résumé remarquable de la théorie générale que nous exposons dans ce travail et que nous avons enseignée dans notre cours de doctorat de 1879.

« Considérant, en principe, que l'art. 1554 n'a eu pour but « que de préserver les femmes mariées sous le régime dotal des « influences qui pourraient agir sur leur consentement, soit dans « les conventions, soit dans les actes de la vie civile assimilés aux « contrats ; — Que le but et l'esprit du régime dotal, c'est que la « femme ne puisse compromettre sa dot par des engagements « ordinaires qu'on pourrait trop facilement lui faire souscrire ; « — Qu'une pareille loi de protection serait détournée de son « objet si elle pouvait avoir pour conséquence d'exonérer la « femme d'une obligation de la nature de celle dont il s'agit ; — « Qu'il ne s'agit point ici d'un de ces engagements volontaires en « vue desquels le législateur a voulu protéger la femme ; — « Qu'il s'agit au contraire, d'une obligation que la loi impose « directement et indépendamment de la volonté de s'obliger ; — « Qu'en effet, en devenant l'héritière de Pierre Guillot, son frère, « la dame Lebey s'est trouvée *ipso facto* débitrice envers le « trésor des droits de mutation dûs à raison de la succession « qu'elle recueillait ; — Or, considérant que les droits dûs pour « mutations de propriété par décès ne sont ni une dette de la « succession, ni une charge imposée par la propriété, mais une « contribution à laquelle les héritiers sont soumis personnelle- « ment, sans égard à l'appréhension de fait, à partir de la saisine « qui s'opère par le décès du précédent propriétaire ; qu'il s'en- « suit que, pour exercer son action contre eux, l'administration « n'a point à prouver qu'ils ont pris qualité ; — Qu'il doit s'en- « suivre également que l'administration exercera son action sur « tout ce que peuvent posséder ses débiteurs, sans distinction, en « vertu du principe posé dans l'art. 2092, C. civ., à savoir : que « quiconque s'est obligé personnellement est tenu de remplir son « engagement sur tous ses biens mobiliers et immobiliers, pré- « sents et à venir ; — Que s'il en était autrement, le délai de six « mois à partir du décès, dont l'administration de l'enregistre- « ment et des domaines attend l'expiration pour poursuivre le « recouvrement de ces droits, deviendrait, dans certains cas, un

« moyen facile de faire fraude à l'action légitime de l'adminis-
« tration; — Que l'obligation d'acquitter ces droits constitue,
« pour l'intérêt public, une sauvegarde, dont le respect importe
« autant, sinon plus, que la conservation même de la fortune
« stipulée dotale..... »

21. Nous appliquerions le même principe aux obligations nées des quasi-contrats. La femme peut y jouer un rôle actif ou un rôle passif.

Si son rôle est actif, les biens dotaux ne pourront pas être saisis par le créancier. Car elle ne pourrait être obligée d'après le droit commun que si elle avait été régulièrement autorisée, et le régime dotal a précisément pour but de mettre les biens dotaux à l'abri des conséquences des obligations qui pourraient ainsi naître à sa charge. L'engagement naîtrait ici d'un fait volontaire et licite de la femme ; le créancier ne pourra pas en poursuivre l'exécution sur les biens dotaux de celle-ci. C'est ce qui se présentera dans le cas où la femme aura géré les affaires d'autrui même avec l'autorisation de son mari [1].

Si au contraire le rôle de la femme est purement passif, si l'obligation a pris naissance sans son fait, par exemple, si un tiers a géré utilement ses affaires, nous inclinons à penser que la femme sera tenue de cet engagement même sur ses biens dotaux, car cette obligation est indépendante du fait personnel de l'obligé, par suite sa validité et son efficacité ne sont subordonnées à aucune condition de capacité. Aucune objection ne peut être déduite contre cette solution de la stipulation du régime dotal ; car elle a seulement pour but de protéger la femme contre des abus d'influence qu'il n'y a pas lieu de redouter dans l'espèce [2].

La femme sera alors tenue sur ses biens dotaux, non seulement

[1] Voy. en ce sens : Aubry et Rau, t. V, p. 614, § 538 texte, et note 31. — Voy. en sens contraire : Taulier, *Théorie raisonnée du Code civil*, t. V, p. 276 et 277.

[2] Voy. en ce sens : Colmet de Santerre, t. VI, p. 477, nº 226 *bis*, VIII. — Voy. en sens contraire : Aubry et Rau, t. V, p. 614, § 538 texte, et note 31. Taulier, t. V, p. 277, note 1. — Caen, 19 et 20 juillet 1866 (2 arrêts), Sir., 67, II, 267. — Comp. Bertauld, *Quest. prat. et doct. de Code civil*, t. I, nº 636 et suiv., qui accorde une action *de in rem verso*, susceptible d'exécution sur les biens dotaux, si la dot a été enrichie.

quand sa dot aura profité et se trouvera augmentée, mais même dans le cas où le tiers aura géré ses biens paraphernaux. Nous ne nous dissimulons pas combien une pareille solution peut paraître délicate; nous l'envisageons cependant comme une conséquence rigoureuse et nécessaire du principe général de l'article 2092, auquel la stipulation du régime dotal apporte bien une dérogation, mais seulement pour les obligations nées d'un fait volontaire et licite de la femme. Ici l'engagement n'a pas sa cause dans un fait de la femme; il faut, en conséquence, appliquer le droit commun et permettre au créancier de poursuivre son paiement sur tous les biens qui forment son gage, c'est-à-dire sur tous les biens de la femme. Nous repoussons toute distinction entre le cas où le bien géré est dotal et celui où il est paraphernal, parce que nous ne pouvons découvrir aucun motif juridique de la faire et parce que rien dans la loi ne nous autorise à considérer le recours sur les biens dotaux comme subsidiaire.

Enfin, par identité de motifs, nous déciderons que, dans tous les cas où le patrimoine de la femme se trouvera enrichi par le fait d'un tiers, celle-ci sera valablemeut tenue dans la mesure de son enrichissement. Le créancier sera investi d'une action *de in rem verso*, et pourra poursuivre l'exécution de la condamnation prononcée par la justice même sur les biens dotaux.

22. Il existe encore une dernière catégorie d'obligations dont il importe de préciser les effets; ce sont les obligations nées d'un délit ou d'un quasi-délit, commis par la femme pendant la durée du mariage. La femme est tenue de réparer le préjudice qu'elle a causé par son fait ou par sa faute. Le jugement, qui la condamne à des dommages-intérêts, sera-t-il susceptible d'être exécuté sur les biens dotaux? L'affirmative, quoique contestée par quelques rares auteurs, est aujourd'hui à peu près universellement admise par la doctrine [1] et consacrée par une jurisprudence conforme [2].

[1] Voy. les autorités citées dans Aubry et Rau, t. V, p. 614, § 538, note 32, auxquelles il convient d'ajouter, en faveur de notre opinion, Colmet de Santerre, t. VI, p. 476, nº 226 *bis*, VIII.

[2] Voy. en ce sens, outre les arrêts indiqués par Aubry et Rau, *loc. cit.* : Civ. rej., 20 juillet 1870, Sir., 71, I, 69; Req. rej., 4 juillet 1877, Sir., 77, I, 455; Orléans, 26 décembre 1878, Sir., 79, II, 97; Req. rej. 10 juin

Pour justifier cette solution, on dit généralement que, s'il en était autrement, le législateur aurait autorisé une convention immorale et dangereuse. Il suffirait, en effet, à la femme qui se soumet au régime dotal de se constituer en dot tous ses biens présents et à venir pour enlever aux victimes des délits et des quasi-délits qu'elle pourrait commettre tout moyen d'action efficace. Une semblable conséquence est inadmissible, car, comme le dit M. Troplong [1] : « si l'immeuble dotal a été mis hors du commerce, « c'est dans un intérêt public, mais ce n'est pas contre l'intérêt « public » ; et il ajoute plus loin [2] : « la morale ne permet pas que « le délit de la femme reste impuni; la loi qui déciderait con- « tre cette notion sacrée serait absurde. Or on ne peut prêter au « législateur une absurdité. »

Cette argumentation est incontestablement fort sérieuse; cependant, quoique nous soyions convaincu que la femme doit répondre de ses délits même sur ses biens dotaux, elle ne nous satisfait pas pleinement. A notre humble avis, les auteurs n'ont peut-être pas placé la question sur son véritable terrain. Nous avons déjà eu l'occasion de dire qu'on rattache généralement l'insaisissabilité des immeubles dotaux à leur inaliénabilité et à l'article 1554. Dans ce système, il faut avant tout rechercher si, en matière de délits et de quasi-délits, le législateur a admis une exception à cette règle. Or, nous sommes frappé du silence de la loi, et, s'il est vrai que les biens dotaux ne peuvent pas être saisis parce qu'ils sont hors du commerce, nous ne voyons pas comment le fait par la femme d'avoir commis un délit peut avoir pour effet de les rendre saisissables. Supposons, par exemple, que l'auteur d'un délit ou d'un quasi-délit ne possède que des biens déclarés insaisissables par la loi (art. 581 et 592, Pr. civ.), il est certain que la victime de cet acte illicite ne pourra pas les saisir pour obtenir la réparation du préjudice qu'elle a souffert. Pourquoi en serait-il autrement, quand il s'agit des immeubles dotaux? La circonstance que le régime dotal est l'œuvre de la volonté des parties ne nous paraît pas

1879, Sir., 79, I, 419; Req. rej., 16 février 1880, Sir., 81, I, 311; Pau, 2 juin 1880, Sir., 81, II, 1; Rouen, 28 mars 1881, Sir., 82, II, 41.

[1] T. IV, nº 3319.

[2] T. IV, nº 3324.

devoir être prise en considération; car c'est la loi elle-même qui en a permis la stipulation.

Au contraire, dans la théorie que nous présentons, cette solution est aussi juridique que conforme à la justice et à la morale. Les biens dotaux ne sont insaisissables que dans le cas où l'obligation dont on poursuit l'exécution résulte d'un fait volontaire et licite de la femme; mais lorsque l'engagement né pendant le mariage a sa cause soit dans un fait auquel la femme est restée étrangère, soit, comme nous le supposons, dans un acte illicite dont elle est responsable, le droit commun reprend son empire et le régime dotal n'y apporte aucune dérogation, parce que tel n'est pas son but. L'acte illicite, dont s'est rendue coupable la femme qui commet un délit ou un quasi-délit, donne naissance à l'obligation de réparer le préjudice causé; tous les biens de la débitrice sans distinction, les biens dotaux comme les biens paraphernaux sont affectés, en vertu de l'article 2092, à l'acquittement de cette dette de dommages-intérêts. Telle était, du reste, la doctrine suivie dans notre ancienne jurisprudence [1], et rien ne prouve que les rédacteurs du Code aient entendu y déroger. On sait, en effet, que leur intention a été de consacrer le régime dotal tel qu'il avait été admis par notre ancien droit et interprété par les Parlements.

23. Dans tous les cas où un créancier, dont la créance est née pendant le mariage, peut, d'après les règles que nous venons d'exposer, poursuivre son paiement sur les biens dotaux de la femme, son droit sera plus ou moins étendu, suivant qu'il agira pendant le mariage ou après sa dissolution.

La poursuite est-elle intentée pendant le mariage, le créancier ne pourra saisir que la nue propriété des biens dotaux; il devra respecter le droit de jouissance qui appartient au mari en vertu de l'article 1549. Cependant si l'on admettait avec la jurisprudence et contrairement à une opinion que nous ne pouvons justifier ici, que l'excédant éventuel des fruits et revenus dotaux sur les besoins de la famille peut être valablement aliéné, rien ne s'opposerait à ce que les créanciers de la femme pussent saisir

[1] Voy. les autorités dans Tessier, *De la dot*, t, I, note 675.

dans cette mesure la pleine propriété, pourvu que le mari ait renoncé à son droit[1].

La poursuite est-elle, au contraire, intentée après la dissolution du mariage, les créanciers peuvent saisir la pleine propriété des biens même dotaux de leur débitrice.

24. En terminant ce travail, il nous paraît utile de résumer en quelques mots la théorie générale que nous avons développée.

D'après le droit commun, la femme mariée est incapable de s'obliger sans autorisation par un fait volontaire et licite.

Mais toutes les fois que l'obligation est née sans aucun fait de la femme, ou résulte d'un acte illicite par elle accompli, elle est valablement tenue quoiqu'elle n'ait pas été autorisée, et l'exécution de son engagement peut être poursuivie sur tous ses biens.

Le régime dotal déroge à la première de ces règles, et la femme dotale, pendant le mariage, est, en principe, incapable soit avec l'autorisation de son mari, soit avec l'autorisation de justice, d'affecter les biens dotaux au paiement des obligations qui résultent d'un fait volontaire et licite de sa part.

Mais il n'apporte aucune modification à notre seconde règle; les biens dotaux sont, comme les biens paraphernaux, le gage des créanciers, dont le droit est né pendant le mariage sans aucun fait de la femme ou par l'effet d'un acte illicite dont elle serait responsable.

A nos yeux cette solution n'est pas une exception à la règle de l'insaisissabilité des biens dotaux; l'étendue de l'incapacité de la femme dotale est seule en jeu. C'est sur ce point particulier qu'il nous a paru bon d'appeler l'attention, en laissant soigneusement de côté l'hypothèse de la séparation de biens.

[1] Voy. en ce sens : Aubry et Rau, t. V, p. 610, § 538 texte, et note 18; Colmet de Santerre, t. VI, p. 477, n° 226 *bis*, VIII.

Paris, impr. F. Pichon. — A. Cotillon & Cie, 30, rue de l'Arbalète, & 24, rue Soufflot.

EN VENTE CHEZ LES MÊMES ÉDITEURS.

Paris, impr. F. PICHON. — A. COTILLON et Cie, 30, rue de l'Arbalète, et 24, rue Soufflot.

www.ingramcontent.com/pod-product-compliance
Ingram Content Group UK Ltd.
Pitfield, Milton Keynes, MK11 3LW, UK
UKHW020951220726
13924UKWH00002B/619